ESSAY UND ARCHIV

Schriftenreihe des Historischen Archivs Krupp

Band 7

Knut Bergmann

Krupps kulinarische Kommunikation

Die Alfried Krupp von
Bohlen und Halbach-Stfitung
hat die Reihe initiiert
und den Druck ermöglicht.

KNUT BERGMANN

Krupps kulinarische Kommunikation

Menükarten vom Kaiserreich bis in die Bundesrepublik

Aschendorff
Verlag

„ESSAY UND ARCHIV" – EINE SCHRIFTENREIHE

Krupp bleibt ein unerschöpflicher Kosmos von Personen und Geschichten. Die Reihe „Essay und Archiv" hat in ihren ersten sechs Bänden bereits viel Überraschendes aus dem Historischen Archiv Krupp zu Tage gefördert. Ermuntert von dem positiven Zuspruch setzt das Archiv mit Unterstützung der Alfried Krupp von Bohlen und Halbach-Stiftung in drei weiteren Ausgaben die Reihe fort.

In ihrem Stammsitz, der Villa Hügel, empfing die Familie Krupp Menschen aus der ganzen Welt. Nicht selten waren die Gäste Kunden der Firma oder sollten als solche gewonnen werden. Wer Gäste hat, braucht Abläufe. Nichts wurde dem Zufall überlassen. Alles war vom Protokoll des Hauses bis ins Detail geplant und demonstrierte die Fähigkeit des Gastgebers, sich auf Menschen von fern und nah einzustellen.

Dass dabei das gemeinsame Essen einen besonderen Stellenwert einnahm, verwundert nicht. Mahlzeiten sind bis heute eine gute Gelegenheit, Stimmungen zu erzeugen, Nähe zu gewinnen und im kulinarischen Angebot die Kür der Gastgeberschaft zu vollziehen.

Was der Plan für den Tagesablauf im Großen sind die Gänge des Menüs im Kleinen. Das Protokoll des guten Geschmacks schlägt sich in den Menükarten nieder. Der im Krupp-Archiv überlieferte Bestand dieser kulinarischen Visitenkarten versammelt Besonderheiten und Botschaften.

Der Politikwissenschaftler und Kommunikationsexperte Knut Bergmann nimmt im vorliegenden Band die Küche des Hügels zum Anlass, um auch allgemein über das Thema zu philosophieren. Wer kocht und serviert, dirigiert seine eigenen Anlässe. Wir Leser kommen im besten Sinne auf den Geschmack.

Prof. Dr. Dr. h.c. Ursula Gather
Vorsitzende des Kuratoriums der
Alfried Krupp von Bohlen und Halbach-Stiftung

„Heute bedaure ich fast mehr, dass ich die Menüs mit den Speisenfolgen auf Staatsbanketts nicht gesammelt habe, als dass ich mir keine Aufzeichnungen über politische Gespräche gemacht habe. Ich glaube, was man wo bei solchen Gelegenheiten zu essen und zu trinken bekam, sagt auch etwas über Staat und Staatsform aus."[1]

Das Bedauern des Schriftstellers Ivan Ivanji, der in den 1970er Jahren als Kulturattaché an der jugoslawischen Botschaft in Bonn tätig war und lange Zeit für Präsident Josip Broz Tito dolmetschte, kann erweitert werden: nicht nur über Staat und Staatsform. Vielmehr sind Menükarten ein Spiegel sozialer Distinktion, Ausdruck regionaler oder nationaler Identität, ein Stück Kulturgeschichte.

Der Bestand an Menükarten im Historischen Archiv Krupp umfasst zum einen Essen, die von der Familie oder dem Unternehmen Krupp oder in jüngerer Zeit der Alfried Krupp von Bohlen und Halbach-Stiftung gegeben wurden. Dazu finden sich oft weitere Dokumente wie Angebote von Restaurants oder zum organisatorischen Ablauf; Hauptspielort hierbei war die Villa Hügel. Zum anderen gibt es Karten von Anlässen, an denen Persönlichkeiten aus dem Krupp'schen Kosmos teilgenommen haben. Insgesamt besteht der Fundus aus schätzungsweise 2.500 Exemplaren, das älteste aus dem Jahr 1877. Anhand dieser aufwändig gestalteten und noch komplett französisch gehaltenen Karte wird die Opulenz dieser Anlässe deutlich, die in ihrer gesamthaften Versuchsanordnung ausdrückten: Hier ist ganz oben. Dieser Anspruch lässt sich auf dem Hügel bis in die Gegenwart nachzeichnen.

VINS.

Château d'Yquem.

1865er Scharzberger.

1869er Grand vin Château Lafitte.

1846er Steinberger Cabinet.

Burgunder Romané Conti.

Mumm carte rose.

Toquaijer Cabinet.

Lith. v. Sal. Oppenheim, Cöln.

MENU.

Aspic d'écrevisses - sauce Remoulade.

Potage à la reine.
Consommé printanier à la Royale.

Truites à la hollandaise.

Selle de Chevreuil à la Chipolata.

Ris de veau aux champignons frais.

Asperges en branches.

Perdreaux rotis.
Salade.

Homard - Sauce Tartare.

Compôtes.

Glaces variées.

Fruits - Dessert.

Hügel, den 2ten September 1877.

Menükarte zum Besuch von Kaiser Wilhelm I. in der Villa Hügel, 1877

AUF DEM HÜGEL GANZ OBEN

Im ausgehenden 19. Jahrhundert, als Bankette deutlich opulenter und distinktionstauglicher waren als heute, wurde vor allem in Frankreich nahezu jedes Tier, das laufen, fliegen oder schwimmen konnte, verkocht – Bernhard Grzimek hätte seine helle Freude gehabt. Verabreichen ließ sich eine solche Speisenfolge samt den passenden Weinen nur wirklich passionierten Essern und Trinkern. Auf Vegetarier oder gar Veganer musste keine Rücksicht genommen werden – kulinarisch einschränkende Lebensstile waren damals noch nicht verbreitet; Rohkostapologeten entsprechen erst seit einigen Jahren dem Zeitgeist. Über die Jahrzehnte wurden die Menüs abgespeckt; heute begnügt man sich im Regelfall mit vier Gängen, die zudem leichter, weniger kalorienreich sind.

Nach wie vor gilt: Abwechslung tut not. Am Beginn stehen leichte Gerichte, dann die Vorspeise(n) und/oder eine Suppe. Der Hauptteil des Menüs besteht in einem gehaltvollen Fisch- oder Fleischgang – oder beidem. Sorbets, etwas aus der Mode gekommen, neutralisieren den Gaumen zwischendurch. Nach dem Hauptgang folgen kleinere Gerichte,

Ein Mittagessen nach der Jagd – der Hase ist schon tot.

Vorblatt der Menükarte zum Krupp-schen Junggesellenball, 1900

mit dabei meist Käse, und der Nachtisch. Geschmack und Konsistenz sollen sich über die Gänge hinweg harmonisch entwickeln. Für das stimmige Ganze helfen Grundregeln, etwa, dass sich Zutaten nicht wiederholen sollten, helle vor dunklen Gerichten und ungebundene bzw. klare Speisen vor gebundenen kommen. Der Anschlussfähigkeit zuliebe verbieten sich allzu exotische Zutaten und Aromen.

Fehlstellen im Krupp-Archiv gibt es im Hinblick auf die mehrfachen Besuche Adolf Hitlers und anderer NS-Größen wie Hermann Göring, Albert Speer oder Rudolf Heß bei Krupp. Man weiß, dass es in einigen Fällen gemeinsame Essen gegeben hat; Dokumente dazu sind allerdings keine zu finden. Warum diese Überlieferungslücke besteht, ist unklar. Möglicherweise kamen gerade solche Stücke als Devotionalien in den Zeiten der alliierten Besatzung des Hügels von 1945 bis 1952 und der Beschlagnahmung der Archive abhanden.

Aktenkundig ist dagegen, wie schlecht es um die Versorgung der Zwangsarbeiter bei Krupp bestellt war. So heißt es in internen Dokumenten aus dem November 1942, dass „die Ernährung der russischen Kriegsgefangenen, die bei uns im Betrieb ausschließlich als Schwerarbeiter beschäftigt sind, völlig unzureichend ist“ und „daß die Leute bei dieser Verpflegung immer nach kurzer Zeit bei der Arbeit zusammenbrechen und teilweise eingehen“.[2] Die Sorge galt indes nicht der humanitären Situation, sondern dem Erhalt der Arbeitskraft.

Li Hongzhang, einer der mächtigsten Chinesen seiner Zeit, war vor dem Festmahl in Köln auf dem Hügel zu Gast gewesen.

BESUCH VOM KAISER

Höhepunkte des gesellschaftlichen wie gastrosofischen Lebens auf dem Hügel waren Aufenthalte von Staatsoberhäuptern, einheimischen und ausländischen. Vor 1918 zählte der Kaiser zu den regelmäßigen Gästen im Reiche Krupps – nicht nur in Essen, sondern genauso bei andernorts abgehaltenen, teils opulenten Tischgesellschaften, Fabrikbesichtigungen oder Vorführungen der Treffsicherheit der Produkte des Hauses auf dem Schießplatz in Meppen.

Ein auch menükartlich gut dokumentierter Besuch ist der von Kaiser Wilhelm II. im Herbst 1896. Speisen und Getränke waren dem Gast angemessen höchstwertig – wenn auch eine muntere deutsch-französische Mixtur, nicht zuletzt linguistisch. Damals war es üblich, die Garnitur mit den traditionellen, oft französischen Namen zu bezeichnen – Ausdruck des Einflusses der Cuisine française auf die europäische Hochku-

Die Villa Hügel auf dem Cover der Karte zur Hochzeit von Gustav von Bohlen und Halbach und Bertha Krupp, 1906

linarik. In der modernen Gastronomie werden die Zutaten und/oder die Art der Zubereitung meist unmittelbar benannt.

Küchensprachlich bezeichnet die Garnitur (vom französischen „garniture", „Verzierung") die Beilage oder die Sauce eines Gerichtes, die Einlage einer Suppe oder die Füllung einer Pastete. Mit ihr sind Zutaten wie Zubereitung klar umrissen. Gängig waren verschiedene Arten der Benennung: entsprechend einer regionalen Herkunft (à la bordelaise, à l'anglaise, auf elsässische Art oder Baden-Baden) oder der Zubereitung wie Ente à la presse, nach Beruf, Rang oder Stand (à l'amiral, nach Hausfrauenart), nach – mitunter historischen – Persönlichkeiten (Bismarckhering, Bloody Mary) oder angelehnt an die Namen berühmter Restaurants, Hotels oder Cafés oder, in seltenen Fällen, ihrer Besitzer.

Die Karten zierte häufig ein Wappen, das jeweils die verschnörkelten Initialen der Hausherren zeigte – im Zeitablauf: „AK" für Alfred Krupp (1812-1887), „FAK" für Friedrich Alfred Krupp (1854-1902) und „KBH" für Gustav und Bertha Krupp von Bohlen und Halbach (1870-1950 bzw. 1886-1957). Geschrieben waren die Karten des Kaiserbesuchs 1896 in Wiegel Kurrent, einer deutschen Laufschrift, die damals die gebräuchlichste Verkehrsschrift war.[3]

Nach einem eher simplen Mittagessen auf dem Schießplatz Meppen – Linsensuppe, Rindersteak, Poularden, Salat, Käse und Sellerie, eine zeitgenössisch durchaus gängige Kombina-

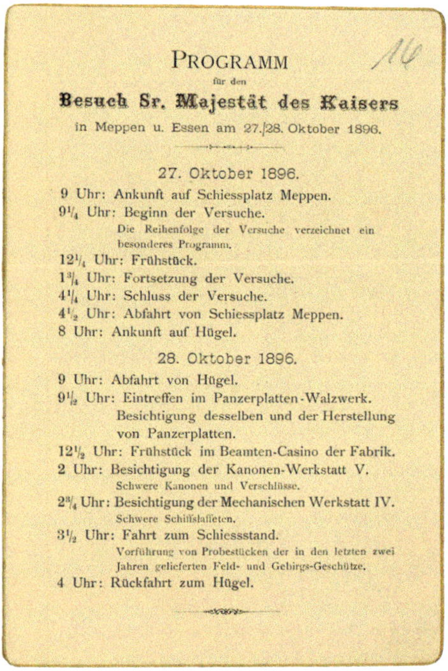

PROGRAMM

für den

Besuch Sr. Majestät des Kaisers

in Meppen u. Essen am 27./28. Oktober 1896.

27. Oktober 1896.

9 Uhr: Ankunft auf Schiessplatz Meppen.

$9\frac{1}{4}$ Uhr: Beginn der Versuche.
Die Reihenfolge der Versuche verzeichnet ein besonderes Programm.

$12\frac{1}{4}$ Uhr: Frühstück.

$1\frac{3}{4}$ Uhr: Fortsetzung der Versuche.

$4\frac{1}{4}$ Uhr: Schluss der Versuche.

$4\frac{1}{2}$ Uhr: Abfahrt von Schiessplatz Meppen.

8 Uhr: Ankunft auf Hügel.

28. Oktober 1896.

9 Uhr: Abfahrt von Hügel.

$9\frac{1}{2}$ Uhr: Eintreffen im Panzerplatten-Walzwerk.
Besichtigung desselben und der Herstellung von Panzerplatten.

$12\frac{1}{2}$ Uhr: Frühstück im Beamten-Casino der Fabrik.

2 Uhr: Besichtigung der Kanonen-Werkstatt V.
Schwere Kanonen und Verschlüsse.

$2\frac{3}{4}$ Uhr: Besichtigung der Mechanischen Werkstatt IV.
Schwere Schiffslaffeten.

$3\frac{1}{2}$ Uhr: Fahrt zum Schiessstand.
Vorführung von Probestücken der in den letzten zwei Jahren gelieferten Feld- und Gebirgs-Geschütze.

4 Uhr: Rückfahrt zum Hügel.

Programm des Kaiserbesuches Ende Oktober 1896

tion zum Abschluss – folgte eine deutlich opulentere Abendtafel „Auf dem Hügel". Deren Ambition wurde am Folgeabend wiederholt. Davor noch eine Mittagstafel im Rahmen der Fabrikbesichtigung im Krupp'schen Beamten-Casino, die wie am Vortag im Programm als „Frühstück" vermerkt war – eine in der Offizialgastronomie bis in die 1960er Jahre übliche Bezeichnung für ein Mittagessen.

Am Abend tafelte die Gesellschaft – ausweislich der Sitzordnung insgesamt 52 Personen, vier davon weiblich – wahrhaft kaiserlich:

Ungesalzener Beluga-Caviar, Whitetables-Austern. (Es wurde wirklich an nichts gespart: Beluga gilt als die beste, größte und teuerste Kaviar-Art; die Austern stammen aus England und gehören zu den hochwertigsten überhaupt.)

Taubensuppe.

Horly von Seezungenschnitten. (Mutmaßlich handelte es sich hierbei um in einem Teig aus Eigelb und Butter panierte Seezungenfilets.)

Die weiteren Gänge sind selbsterklärend:
Gespickte Hasenfilets mit Edelpilzen.
Junge Puter, Salat und eingemachte Früchte.
Grüne Bohnen à l'anglaise (auf die englische Art heißt: in Salzwasser gekocht). Schwarzwurzeln à la crème.

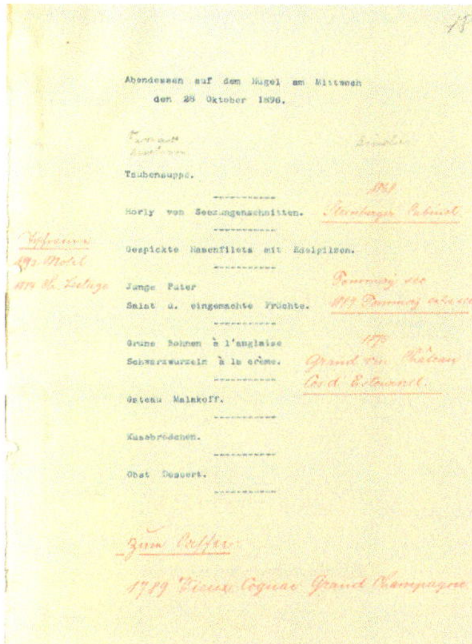

Abendessen auf dem Hugel am Mittwoch
den 28 Oktober 1896.

Taubensuppe.

Morly von Seezungenschnitten.

Gespickte Hasenfilets mit Edelpilzen.

Junge Puter
Salat u. eingemachte Früchte.

Grune Bohnen à l'anglaise
Schwarzwurzeln à la crème.

Gateau Malakoff.

Kasebrödchen.

Obst Dessert.

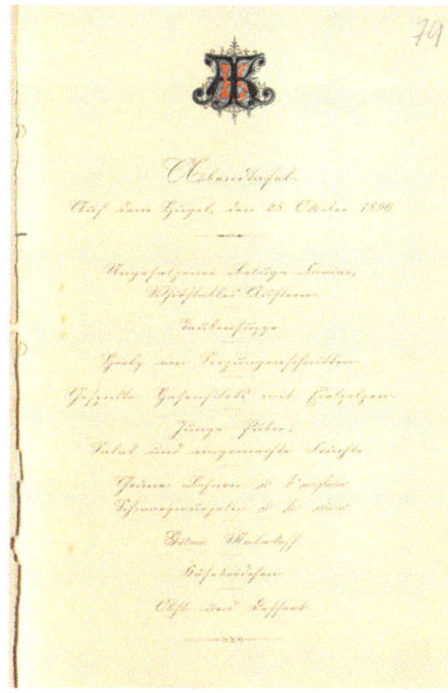

Vorlage und Menükarte der Abendessen beim Kaiserbesuch am 27. und 28. Oktober 1896

Gâteau Malakoff (hierbei handelt es sich um einen mit Buttercreme gefüllten und mit Vanille-Fondant überzogenen Haselnuss-Bisquit-Kuchen der Cuisine classique – wiederum très français[4]).

Käsebrödchen (auch auf der Vorlage mit „d" geschrieben). Obst und Dessert.

In den dazugehörigen Akten sind die ebenso distinguierten Weine verzeichnet – sie durchgängig auf den Menükarten zu nennen, wurde erst Ende der 1950er Jahre auf dem Hügel üblich: Ein gereifter Steinberger Cabinet aus dem Jahrgang 1868 („äusserst ertragreich und dennoch teuer, Zeuge des Wohlstandes und der großen Nachfrage."[5]). Gewächse dieser Rheingauer Lage kommen oft in der Literatur des ausgehenden 19. Jahrhunderts vor, sobald es um guten Wein geht – viel zitiert etwa die Geschichte, dass der nun auf dem

25-jähriges Dienstjubiläum des Hügel-Kochs Christian Dorst, 1918

Hügel bewirtete Wilhelm II. eine Flasche davon 1894 als Versöhnungsangebot an Otto von Bismarck geschickt hatte.[6]

Herausragend mit Château Cos d‘ Estournel 1875 der rote Bordeaux, obwohl nur ein 2ème Cru nach dem eine Klasse höher angesiedelten Château Latour selbigen Jahrhundertjahrgangs („Von allen herrlichen Prä-Phylloxera-Jahrgängen ist dieser der feinste.“[7]) am Vorabend. Danach mit Pommery extra sec 1889 ein Jahrgangschampagner („Gutes Jahr. Hervorragende Lese.“[8]) und zum Kaffee ein mehr als 100-jähriger Vieux Cognac Grand Champagne aus dem französischen Revolutionsjahr 1789. Dazu als Tischweine einen nicht weiter bezeichneten jungen Moselwein aus dem exzellenten Jahr 1893 sowie als Rotwein Château Lestage 1884. Dieser Jahrgang war – anders als 1893 an der Mosel – ein mäßiger im Bordelais, wo die Reblaus wütete. Zu bedenken ist allerdings, dass hochklassige rote Bordeaux aus dieser Zeit eigentlich mehrere Jahrzehnte Reife benötigten – der einfache 1884er wird bei dem Kaiserbesuch zugänglicher gewesen sein als die 1875er Crus. Weine aus letzterer Kategorie sind dafür bei guter Lagerung noch heute mit Genuss trinkbar, wenn auch kaum mehr bezahlbar.[9]

Der Berliner Kaiserkeller, das um die Wende zum 20. Jahrhundert größte Weinrestaurant der Welt, führte 1901 einen 1874er Steinberger Cabinet mit 15 Mark auf seiner Karte. Die 1875er 2ème und 1er Crus aus dem Bordelais waren mit 25 bzw. 30 Mark die teuersten französischen Rotweine, Pommery extra sec ging für 14 Mark über den Tresen.[10] Zum Vergleich: 1901 betrug das durchschnittliche monatliche Bruttoeinkommen eines vollzeitbeschäftigten Arbeitnehmers 68 Mark.[11]

Stauder Pils

SPEISEN-KARTE

Montag, den 5. Mai 1947.

Teller Legierte Suppe RM -.30 (25gr.Nährm.

Portion Rote Beete " -.30

Terrine Bohnensuppe m/Kartoffeleinlage " -.70 (50gr.Nährm. 1 Kart.Absch

<u>Gedeck RM 1.--</u>

Tasse Suppe (50 gr.Nährm. 1 Kart.Abschn
Rote Beetegemüse m/Kartoffeln u.Tunke
Panhas

-.-.-.-.-.-.-

Grießspeise m/süßer Tunke RM -.50 (50gr.Nährm.

Grießklöße m/pikanter Tunke " -.60 (50gr.Nährm.

-.-.-.-.-.-.-

<u>Vorbestellung:</u>

[illegible]annkuchen RM -.90 (10gr.Fett 100" Brot

Eine Speisekarte als Spiegel ihrer Zeit und des Mangels – auch in der Hauptverwaltung von Krupp mussten 1947 Lebensmittelkarten eingelöst werden.

Ob sich die Erwartungen, die Menükarten bei ihren Lesern wecken, jeweils erfüllen, darüber können sie naturgemäß keine Auskunft geben. Denn weder die Fähigkeiten des Kochs noch die Qualität der Zutaten oder ihre Zubereitung und schon gar nicht der Zustand, in dem die Gerichte schließlich serviert werden, lassen sich von ihr ablesen – und sind bei länger zurückliegenden Banketten sowieso nicht zu rekonstruieren. Beim Wein hingegen lassen sich selbst Jahrzehnte später Aussagen treffen, wie es um Klassifizierung, Preis und Qualität zu dem Zeitpunkt bestellt war, als er ausgeschenkt wurde. Nichtablesbare genusseinschränkende Faktoren existieren dennoch: Schlechte Lagerbedingungen, Flaschenfehler, falsche Serviertemperatur oder untaugliche Trinkgefäße wären nicht erkenn- bzw. ermittelbar.

LITERATUR, PERSONAL UND ZEREMONIELL

Ein Qualitätsversprechen gibt heute der Name eines bekannten Kochs ab. Allerdings gehörte dieser Berufsstand bis in die zweite Hälfte des 20. Jahrhunderts zum landläufigen Personal eines großen Hauses. Insofern kann eher vom Ruf des Gastgebers auf die Qualität der Küche rückgeschlossen werden – von einer entsprechenden Fertigungstiefe kann in Krupps Küche ausgegangen werden. Einer der Hügel-Köche, Christian Dorst, veröffentlichte Anfang des 20. Jahrhunderts ein Buch über Hors-d'Oeuvres, die Kleinstgerichte vor dem Eintritt in die reguläre Tafelordnung, das mehrere Auflagen erfuhr.[12]

Ein unkompliziert zu dechiffrierendes System zur Bemessung des Könnens von Köchen existierte lange nicht; die Michelin-Sterne wurden erst Ende der 1920er Jahre eingeführt. Dass mittlerweile der Ruf des Küchenchefs vor dem seiner Wirkungsstätte geht, zeigte sich auf dem Hügel, als dort auf Einladung des Landes Nordrhein-Westfalen 2001 Wladimir Putin im Rahmen seines Staatsbesuchs verköstigt wurde. Hierfür, ebenfalls auf Einladung der Landesregierung, zeichnete der Zwei-Sterne-Koch Dieter Kaufmann verantwortlich – der sein Paradegericht „Parfait vom Stör mit Kaviar“ anrichtete. Das Menü entstand indes unter erschwerten Bedingungen: „In der Villa Hügel war noch ne Küche, aber die war nicht mehr – da hatten sie uns Behelfsöfen dann hingestellt, aber ich wusste das gottseidank vorher“[13], gab Kaufmann Jahre später zu Protokoll. Auch früher wurden auf dem Hügel zur Unterstützung des eigenen Personals für größere Veranstaltungen zusätzliche Kräfte engagiert; externes Catering gab es ab den 1950er Jahren.

International sind schon ganze Bibliotheken rund um das Thema Speisen als Teil der Kulturgeschichte verfasst worden. Sogar im lange frugalen Deutschland wurde in den vergangenen Jahren, der zunehmenden Aufwertung des Essens als Teil des Lifestyles entsprechend, dazu publiziert. In jüngster Zeit erschienen außerdem Sammlungen historischer Menüs sowie Hochglanzwerke mit Rezepten der Speisefolgen mehr oder weniger weltgeschichtlicher Bankette – dieses Genre rangiert in der Regel nah am Kochbuch.[14]

Schon im Fin de Siècle existierten – dem Aufschwung der französischen (und in der Folge der deutschen) Küchenkultur entsprechend – verschiedene Werke, die sich der gehobenen Speisenfolge widmen. Einer ihrer Autoren, Ernst von Malortie, eigentlich Oberhofmarschall und Staatsminister des Königreichs Hannover, dessen 1878 erstveröffentlichtes *Das Menu* die damalige herrschaftliche Küche entscheidend beeinflussen sollte, personifiziert die Nähe von Tafelkultur und Zeremoniell.[15] Kaum irgendwo lässt sich dessen Funktion so gut nachvollziehen wie bei Tisch: die Demonstration von Macht, Reichtum und Status, die Legitimation von Herrschaft, die Erweckung von Ehrfurcht, die Imagination von Würde.

Der Herrschaftssicherung dient das Tafelzeremoniell schon seit Jahrtausenden. Soweit überliefert, scheinen schon bei antiken Banketten die Merkmale auf, die bis in die bundesrepublikanisch-nivellierte Mittelstandsgesellschaft bei solchen Anlässen handlungsleitend sind. Allerdings verbleibt im demokratischen Verfassungsstaat, wo selbst – oder gerade – beim Staatsoberhaupt alle Gäste dasselbe zu essen und zu trinken bekommen, die Sitzordnung als das letztverbliebene status-einstufende Merkmal. Hier gilt querbeet vom Staatsbankett bis zur Familienfeier die Maßgabe: Je näher an Königin, Präsident oder Jubilar platziert, desto wichtiger – jeweils in einer oder mehrerer der Kategorien „Rang“, „Bezug zum Thema“, „Großmutters Liebling“.

Historisch existierten mehr ungleichheitsstiftende Rangordnungsressourcen, jeweils entlang der Maßgabe „je hochwertiger/prunkvoller/mehr“: Kleidung, Zahl der Diener, Quantität und Qualität der Speisen und Getränke. Am Hofe der europäischen Aristokratien des 17. und 18. Jahrhunderts war es durchaus gängige Praxis, die Geladenen je nach Stand verschieden zu bedienen und zu verköstigen.

Zehn Jahre nach von Malorties *Menu* erschien das so enzyklopädische wie einflussreiche *Meisterwerk der Speisen und Getränke* von Paul Martin Blüher. Darin pocht der Autor, ganz im wilhelminisch-nationalistischen Trend der Zeit liegend, auf der Verwendung der deutschen Sprache in/um

Küche, Esstisch und Weinkeller. Das Thema blieb dem Druckereigewerbe erhalten: 1915 veröffentlichte etwa der Geschäftsführer der Druckerei Gebrüder Gotthelft, Königliche Hofbuchdrucker, Kassel, in der führenden Branchen-Fachzeitschrift den Aufsatz *Die deutsche Speisekarte, eine Forderung der Zeit.*[16]

Bei Krupp gab es diesbezüglich keine klare Linie: Oft bediente man sich einer französisch-deutschen Melange, wobei es schon vor dem Kaiserbesuch 1896 rein deutsche Menükarten gegeben hatte, und danach, zu Beginn des 20. Jahrhunderts, wiederum ausschließlich auf Französisch verfasste. Solche lassen sich auch in der Zeit nach dem Zweiten Weltkrieg finden; mit der Abkehr von den klassischen Bezeichnungen der Garnitur sind neuere Karten ausschließlich in deutscher Sprache abgefasst.

Eine Speisekarte bezeichnet das, was wir im Restaurant – samt Preisen, Damenkarten sind mittlerweile unüblich – zur Auswahl gereicht bekommen, während eine Menükarte eine feststehende Speisefolge auflistet. Diese sind in der Regel kunstvoller und von kleinem Format, Speisekarten dagegen funktionaler und der Anzahl der aufzulistenden Speisen und der Preisangaben wegen zumeist größer und grafisch einfacher gestaltet.

Entstehungsgeschichtlich existieren unterschiedliche Versionen. Meistens wird die Premiere einer schriftlich niedergelegten Speisefolge auf den Reichstag zu Regensburg 1541 datiert. Bevor sie flächendeckend in Gebrauch kamen, wurden „die Speisen [..] bei großen Festmahlen einfach vom Koch ausgerufen, sobald man mit dem Auftragen derselben begann.“[17] Die erste Speisekarte wird in einem Wiener Restaurant verortet: 1784 habe es im „Roten Apfel“ erstmals einen „Kuchel-Zeddl“ gegeben. Anderen Überlieferungen zufolge dienten die ersten Speisekarten den nach der Französischen Revolution arbeitslos gewordenen Köchen des Adels als Marketinginstrument, als sie die ersten Restaurants in Paris eröffneten. Es existieren weitere Theorien, nach denen solche Karten wahlweise schon im alten Ägypten, China, Griechenland und Rom verbreitet gewesen sein sollen.[18] Sofern überliefert, verfügen entsprechende Dokumente über den Vorteil, dass ihre Ähnlichkeit über die Jahrhunderte hinweg Vergleiche ermöglicht.

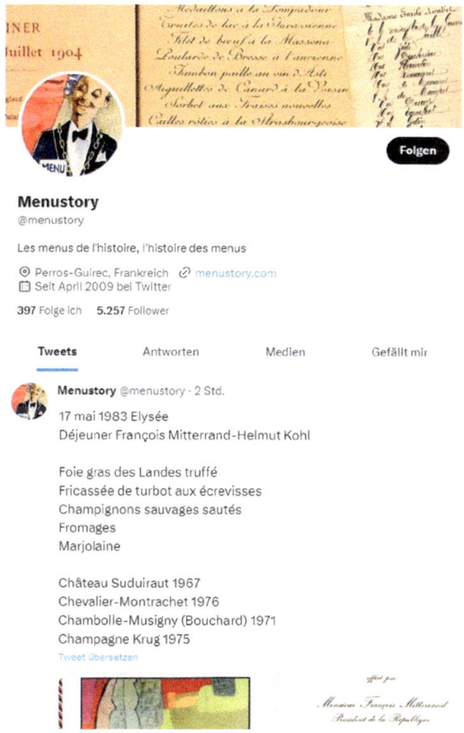

Tweet vom 17. Mai 2023, kombiniert mit Header des Kanals @menustory vom 30. Mai 2023

Bevor Menükarten – zumindest in Europa – gebräuchlich wurden, richtete das Personal im „service à la française“ alle Speisen ähnlich heutigen Buffets auf einmal an. In dem danach im Laufe des 19. Jahrhunderts in Mode kommenden „service à la russe“ wurden die Gerichte hingegen nacheinander aufgetragen. Diese vom russischen Zarenhof ausgehende Sitte verbreitete sich in ganz Europa, zunächst im Adel, mit dem ökonomischen Aufschwung in deutschen Landen aber auch in bürgerlichen Kreisen. Das Menü verteilte sich nun auf die verschiedenen Gänge der Kategorien Vor-, Haupt- und Nachspeise. Über die teils zahlreichen Gerichte informierte vorab die oft grafisch aufwändig gestaltete Menükarte. Ihrer Verbreitung förderlich war die Erfindung des Steindrucks bzw. der Lithografie Ende des 18. Jahrhunderts.[19]

Heute findet das medial konsumierte Tellergericht mehr auf Instagram statt als auf dem Papier – das Sprichwort „Das Auge isst mit“ findet hier seine digitale Entsprechung. Doch nicht einmal im Digitalzeitalter sind Menü- und Speisekarten vollkommen verloren, denn sie werden auf verschiedenen Social-Media-Kanälen gepostet: der französische Account @menustory twittert fast täglich eine besondere Menükarte, oft von Essen, die der französische Präsident gegeben hat.

Passend zum Anspruch, kulinarisch eine Grande Nation zu sein, verdienen die Menükarten von französischen Staatsbanketten häufig das Prädikat „künstlerisch wertvoll“: Die des Essens zu Ehren von US-Präsident Jimmy Carter, das der französische Präsident Valérie Giscard d'Estaing am 5. Januar 1978 ausrichten ließ, zierte beispielsweise eine Original-Lithografie von Marc Chagall. Der Preis von gelegentlich im Handel auftauchenden Exemplaren ist allerdings weit entfernt von den 65.000 Euro zzgl. Aufgeld, für die im April 2022 eine von Mao Zedong signierte Menükarte eines Staatsbanketts von 1956 versteigert wurde.[20]

Einband der Menükarte sowie Speisefolge und Tafelmusik zur 100-Jahr-Feier der Firma Krupp am 8. August 1912

SAMMELWÜRDIGES UND WISSENSLÜCKEN

Menükarten von Staatsbanketten lassen sich oft in privaten Nachlässen finden. Viele Menschen, die einmal bei einem solchen Anlass zugegen sein durften, nehmen die – in Deutschland übrigens ziemlich nüchtern gestaltete – Karte als Memorabilie mit: „Aus alter Erfahrung im Ref. 700 lässt sich sagen, dass die Tisch- und Menükarten begehrte Souvenirs [...] sind.“[21], heißt es im internen Leitfaden des Protokollreferats im Auswärtigen Amt. Sogar die britische Premierministerin Margaret Thatcher – eigentlich im Ruf stehend, außer Arbeit wenig Interesse an den Freuden des Lebens gehabt zu haben – bekannte in ihren Memoiren, „a great collector of menus“ zu sein.[22]

SPEISENFOLGE

Geflügelſuppe
Gekochter Rheinſalm
Rindslendenſtück auf Gärtner-Art
Gefüllte Trüffeln
Houdan-Maſthuhn auf dem Roſt gebraten, Salat
Gedämpfte Tafelpilze Engliſcher Sellerie
Piſtazien-Gefrorenes
Käſeſtangen
Obſt – Deſſert

TAFELMUSIK

Altdeutſcher Marſch mit Benutzung dreier Melodien aus dem 16. Jahrhundert von M. Kämpfert
Deutſchland, Deutſchland über alles In Fantaſieform von A. Weber
Fackeltanz über Motive aus Richard Wagners Oper: Die Meiſterſinger von Nürnberg von Eckert
Ouvertüre zur Oper Ruy Blas von Mendelsſohn
Vom Rhein zur Donau, Walzer von Kéler-Béla
Zwei norwegiſche Tänze Nr. 1 Springtanz, Nr. 2 Halling von Raebel
Weſtfalenlied von Peters An der Weſer, Lied von Preſſel
Zwei altniederländiſche Märſche: a) Grenadiermarſch Oranien-Friesland, b) Marſch, Oranien-Gelderland bearbeitet: Th. Grawert, I. Kgl. Armeemuſik-Inſpizient

Selten hingegen sind Dokumente, die das Zustandekommen der Speise- und Getränkefolgen erhellen. Diejenigen, die Auskunft geben könnten, sind schwer aufzufinden oder leben nicht mehr, und wenn, dann erweisen sich die Erinnerungen von Zeitzeugen oft als trügerisch. Als halbwegs gesichert gilt, dass es unter den Mitgliedern der Familie Krupp keine Gourmets gab. Wohlerzogene Diplomaten bei Tisch waren sie hingegen alle – davon zeugt nicht allein die Ehrerbietung, die gekrönten Häuptern erwiesen wurde. Viel mehr noch spricht die Behandlung des ideologischen Gegenübers dafür: Gustav Krupp hatte in den 1920er Jahren einen sowjetischen Techniker, der bei Krupp unterwiesen wurde, zu einem Mittagessen eingeladen. Ivan Tevosjan, der es später in der Sowjetunion bis zum Minister bringen sollte, war mit der zitronengarnierten Fingerschale als Element hochherrschaftlicher Tafelkultur nicht vertraut – und trank daraus. Ohne mit der Wimper zu zucken, tat Gustav Krupp ihm das nach.[23]

Besondere gastrosofische Vorlieben der Krupps sind nicht aktenkundig geworden. Die Menükarten bieten dafür genauso wenig Anhaltspunkte wie für irgendeine regional-kulinarische Ausrichtung. Von dem die bundesrepublikanischen Jahre des Unternehmens prägenden jahrzehntelangjährigen Generalbevollmächtigten Berthold Beitz ist immerhin bekannt, dass er durchaus Freude am Essen hatte und Wert auf qualitativ hochwertige Speisen und Getränke legte, ohne auf Sterneküche fixiert gewesen zu sein. Überliefert ist die Geschichte eines Treffens von ihm mit Journalisten im Haus von Rudolf Augstein auf Sylt: Auf dessen Hinweis, dass nichts anderes als Schwarzbrot und Leberwurst im Haus sei, habe Beitz erfreut ausgerufen: „Sehr schön", und weiter: „die schmecken doch besser als jedes Kaviarbuffet."[24]

JUBILÄEN: 101, 150 UND 200 JAHRE KRUPP

Eine Festivität am Hofe Krupp ist Gegenstand einer Monografie geworden, nämlich die Feier anlässlich des 100-jährigen Bestehens des Unternehmens Anfang August 1912 – eigentlich ein Jahr zu spät, der Bezugspunkt war Alfred Krupp und dessen 100. Geburtstag.[25] So oder so ein wahres Jahrhundertfest; Krupp, ad personam wie das Unternehmen, auf dem Höhepunkt der industriepolitischen Macht stehend: „Ein Jubiläum, eigentlich eine ‚private' Angelegenheit, wurde sehr bewusst zum öffentlichen, ja, nationalen Ereignis hochstilisiert", fasste Festhistoriker Klaus Tenfelde zusammen.[26] Neben Kaiser und Reichskanzler waren die höchsten Militärs des Reiches zugegen, dazu weitere Uniformträger und Diplomaten aus fast der ganzen Welt. Am Vorabend des Ersten Weltkrieges prägte das Militärische das Bild, wobei Frauen bis auf einige wenige Damen aus dem Hause Krupp im Hintergrund blieben.

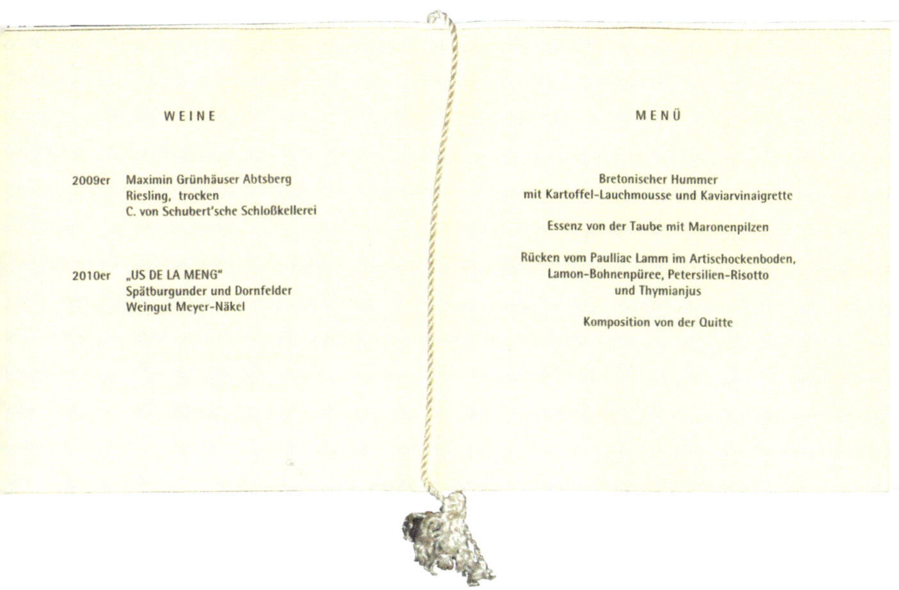
WEINE

2009er Maximin Grünhäuser Abtsberg
Riesling, trocken
C. von Schubert'sche Schloßkellerei

2010er „US DE LA MENG"
Spätburgunder und Dornfelder
Weingut Meyer-Näkel

MENÜ

Bretonischer Hummer
mit Kartoffel-Lauchmousse und Kaviarvinaigrette

Essenz von der Taube mit Maronenpilzen

Rücken vom Paulliac Lamm im Artischockenboden,
Lamon-Bohnenpüree, Petersilien-Risotto
und Thymianjus

Komposition von der Quitte

Menükarte zum 200. Jahrestag der Gründung der Firma Krupp, Villa Hügel, 20. November 2011

Karte zur Festveranstaltung am 20. Nov. 1961 in der Villa Hügel. Bis ins 21. Jahrhundert war dies der Standardumschlag von Menükarten zu Veranstaltungen in der Villa.

Karte für Gäste der Festveranstaltung am 20. Nov. 1961 im Sonderzug von Bonn über Köln nach Essen

Umschläge von Menükarten der Veranstaltungen zum 150jährigen Jubiläum der Firma Krupp, 1961

Karte für Auslandsvertreter zum Abendessen in der Villa Hügel, gegeben von Alfried Krupp von Bohlen und Halbach am 25. April 1961

Karte zur Rheinfahrt der Auslandsvertreter mit der MS „Berlin" am 28. April 1961

Thailands König Bhumibol 1960 zu Gast in der Villa Hügel

Wenig glanzvoll indes die Menükarte, deren Schlichtheit der staatstragenden Botschaft des Jubiläums geradezu widersprach. Die Anzahl der Gänge im Rahmen des damals üblichen, genauso, dass die Weine nicht aufgeführt waren. Für die etwa 500 Gäste des abendlichen Festmahls gab es zusätzlich eine gedruckte „Bemerkung" mit der Regieanweisung, an welcher Stelle der Tischrede von Gustav Krupp das Kaiserhoch auszubringen sei.[27]

In der Ansprache Gustav Krupps beim vormittäglichen Festakt stand das Staatsoberhaupt im Mittelpunkt: „Euerer [sic!] Majestät Teilnahme weiht die Hundertjahrfeier der Firma Krupp, Euerer Majestät Anwesenheit zeugt von der Allerhöchsten Billigung der Vergangenheit, Euerer Majestät Gegenwart bürgt für die Fortdauer des gnädigen Interesses auch für die Zukunft."[28] Für heutige Ohren klingt das ungewohnt beflissen, die beschworene Zukunft des Kaisers sollte in deutschen Landen noch exakt sechs Jahre, drei Monate und zwei Tage währen.

Zurückhaltender ging es dann 99 Jahre später bei der 200-Jahr-Feier im Beisein des Bundespräsidenten zu, der in seiner Rede auf die Anwesenheit Wilhelms II. „mit großem Gefolge“[29] bei der 100-Jahr-Feier verwies. Die republikanisch schlichte Menükarte weist vier noble Gänge aus: Hummer, Essenz von der Taube und Pauillac Lamm und ein Nachtisch, begleitet von zwei sehr jungen Weinen mittlerer Güte. Die beiden mittleren Gerichte sind heutzutage eher ungewöhnlich, da Taube und Lamm nicht jedermanns Geschmack treffen. Allerdings wurde Taube in Suppenform auf dem Hügel schon zu Kaisers Zeiten serviert. Christian Wulff, dessen Person nicht Gegenstand der Ansprachen war, sollte lediglich knapp drei Monate in seinem Amt überdauern.

Zumindest kulinarisch etwas weniger exquisit – wenn auch mit deutlich mehr Gästen, vom Caterer gab es „Vorschläge für ein kaltes Buffet 600-1000 Personen“[30] – gestaltete sich die 150-Jahr-Feier: Das Magazin *Der Spiegel* überschrieb seinen Artikel mit „Bier vom Fass im Chinazimmer“. Thematisiert wurde das „schlichte Mahl“; das titelgebende Fassbier, ein „Westfälisches Büfett in der Bildergalerie, Kaffee und Fruchtsäfte im Südsalon. In zwei Stockwerken werden acht Gerichte und drei Weine angeboten.“[31] Der rote davon war ausweislich der Menükarte immerhin ein nobler Vosne Romanée 1953, und in der Rubrik „Kaltes Buffet“ fanden sich nicht nur entsprechend temperierte „Happen“, sondern genauso „Warme Mundbissen“.

Mit von der Partie: „Bundestagspräsident Gerstenmaier, ein grämlicher Ludwig Erhard, der heute bei AK [Alfried Krupp] für den gerade in Amerika arbeitenden KA [Konrad Adenauer] repräsentieren darf, Entwicklungsgehilfe Scheel, Franz a. D. Etzel und Franz i. D. Meyers, der nordrheinische Ministerpräsident.“[32] Die Rede hielt Theodor Heuss, in der er Krupp hinsichtlich des Zweiten Weltkriegs „eine Art politischer Absolution“[33] erteilte. Damit setzte Heuss in Sachen Vergangheitsbewältigung fürs erste den Ton und „flocht das Band zwischen Staat und Krupp neu.“[34] Dass sich der erste Bundespräsident damals seit über zwei Jahren außer Dienst befand, tat seiner Strahlkraft keinen Abbruch.

Der – nicht zuletzt kulinarische – Aufwand, der für die drei Jubiläen betrieben wurde, trägt als Botschaft die Ambition, den Stand und die Verankerung des Unternehmens im bundesdeutschen Gemeinwesen in sich. Macht, Pomp und Glanz nahmen ab; das Unternehmen wurde demokratisch domestiziert, wobei die Aufarbeitung der Vergangenheit 1961 noch ziemlich am Anfang stand. Auch 2011 widmete sich das Staatsoberhaupt anlasstypisch-präsidial fast ausschließlich der Habenseite. Die Jubiläumsfeste spiegeln gleichermaßen die Krupp'sche Narration der eigenen Geschichte – deren Adressat lange Zeit die Haute Volée der jeweiligen Epoche war.

Erich Honecker (3. von links) zu Gast im Privathaus von Berthold Beitz (auf dem Sofa links), 9. September 1987

STAATSGÄSTE UND BONNER REPUBLIK

Der Anspruch, auch nach dem Zweiten Weltkrieg weiterhin „Nationalunternehmen“ zu sein, wird deutlich in den Bemühungen, bei Staatsbesuchen berücksichtigt zu werden. Besuche in den Industriebetrieben des Ruhrgebietes gehörten in der frühen Bundesrepublik zu deren Standardprogramm. Ziel war es, den Gästen die „lebendigsten Leistungen der deutschen Wirtschaft“[35] vorzuführen, wie der Protokollchef des Auswärtigen Amtes, Sigismund von Braun, 1958 notierte. Berthold Beitz „erkannte sehr früh, wie wichtig es für das Image von Krupp war, dass wieder – wie in früheren Zeiten – gekrönte Häupter zu Besuch nach Essen kamen.“[36] Entsprechend ließ er in Bonn lobbyieren. Hier findet sich eine generationsübergreifende Traditionslinie, denn „die Empfänge, die er [Alfried Krupp] in der Villa Hügel gab, wirkten [...] auch wie eine Rückkehr zu der Gepflogenheit seines Urgroßvaters, Kontakte zu den Auslandskunden zu pflegen.“[37]

In der Weimarer Republik, die in der kurzen Zeit ihres Bestehens ohnehin nur zwei Staatsbesucher empfangen hatte, machten beide, der König von Afghanistan 1928 und der ägyptische König im Jahr danach auf dem Hügel Station. Anders als bei einigen Staatsoberhäuptern, die in der jungen Bundesrepublik in Essen weilten, stand jeweils ein Abendessen auf dem Programm. Bei Haile Selassie, 1954 der allererste offizielle Staatsbesucher in Bonn, war dies aus Effizienzgründen ebenso wenig der Fall wie 1987 beim Arbeitsbesuch

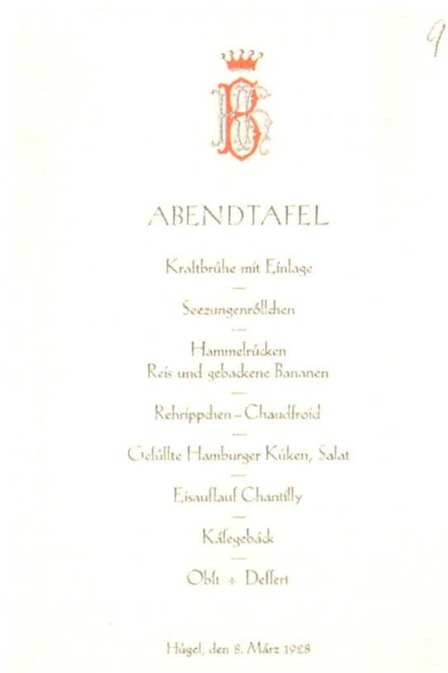
9

ABENDTAFEL

Kraftbrühe mit Einlage

Seezungenröllchen

Hammelrücken
Reis und gebackene Bananen

Rehrippchen – Chaudfroid

Gefüllte Hamburger Küken, Salat

Eisauflauf Chantilly

Käsegebäck

Obst + Dessert

Hügel, den 8. März 1928

Menükarte des Abendessens zu Ehren des Königs und der Königin von Afghanistan in der Villa Hügel, 8. März 1928

von SED-Generalsekretär Erich Honecker – ihm blieb lediglich Zeit für einen Kaffee.

Unter dem Strich profitierten beide Seiten davon. Die Historikerin Simone Derix, Verfasserin des Standardwerks über die eingehenden Staatsbesuche der Bonner Republik, sieht den hohen Aufwand, den Krupp und seine Manager zu treiben bereit waren, wie die Villa Hügel als Ort für Empfänge, kurzum „die repräsentativen Voraussetzungen, um Gästen den gewünschten Pomp und Prunk zu bieten“,[38] als ursächlich, warum die Protokoller des Außenamtes Essen gern mit auf den Spielplan der Staatsbesuche setzten: „Die Mahlzeiten auf dem Hügel machten den Wohlstand des Wirtschaftswunders sinnlich erfahrbar. Die staatlichen Gastgeber profitierten von dem symbolischen Kapital der Krupp-Familie, das diese wiederum durch ein herrschaftliches Auftreten, das staatliches Zeremoniell bis ins Detail imitierte, zu mehren suchten.“[39]

Die protokollarischen Verfahren und ihre Umsetzung glichen dem staatlichen Gebaren, bei Krupp verantwortlich waren das „Besuchswesen“ bzw. die „Stabsabteilung Information/Besuchswesen“. Die Mitarbeiter stimmten sich detailliert mit dem für die Durchführung auch der eingehenden Staatsbesuche zuständigen Auswärtigen Amt ab – bis hin zur Getränkeauswahl: „Fruchtsäfte, da die Majestäten morgens noch keinen Alkohol nehmen. Alkohol aber bereithalten“, lautete die in den Akten vermerkte Antwort in Sachen „Imbiß in der oberen Halle“ für das griechische Königspaar im Spätsommer 1956.[40]

Die entsprechenden Akten im Historischen Archiv Krupp sind in Form und Inhalt beinahe identisch mit denen des Protokolls im Auswärtigen Amt: Ablaufpläne, Vorschläge für Geschenke an die Gäste und ihre Delegation, Beauftragungen für Caterings und andere Dienstleistungen, Kostenvoranschläge und Rechnungen (teils von denselben Dienstleistern, die der Bund beauftragte, beispielsweise für Beflaggung) und dergleichen mehr. Auch versuchte man, Doppelungen in der Menüfolge zu vermeiden. Falls nötig, wurden selbst nach der Auswahl durch Berthold Beitz Alternativvorschläge gemacht samt Hinweisen wie: „Da AA neuerdings mittags nur noch 3 Gänge gibt, wird anheim gestellt, evtl. Suppe wegfallen zu lassen.“[41]

Beiderlei Menükarten der Villen Hügel und Hammerschmidt (bzw. der verschiedenen Spielstätten der Staatsempfänge der Bonner Republik) sagen viel aus über die Verfasstheit der jungen Bundesrepublik: das Ringen um Anerkennung, das Bemühen, nichts falsch zu machen, der Wille zum Wiederaufstieg. Zudem legen sie in ihrer frührepublikanischen Opulenz Zeugnis vom erblühenden Wirtschaftswunderland ab.

Die hierzulande bis heute gültige Maßgabe für Zurückhaltung in Sachen Staatsrepräsentation hatte Theodor Heuss 1951 mit dem „Pathos der Nüchternheit" geprägt – dem in der jungen Bundesrepublik allerdings weder die Staatsbankette noch die von ihrer industriellen Elite gegebenen Diners samt entsprechender Inszenierung entsprachen. Für den Symbolwert von Menükarten hatte der erste Bundespräsident übrigens kein Verständnis: Vielmehr beschwerte Heuss sich 1954 beim Leiter der Politischen Abteilung des Auswärtigen Amtes, Herbert Blankenhorn, darüber, dass von der Botschaft in Schweden „Menükarten von Diners und Soupers mitgeteilt wurden, was ich eines Diplomaten unwürdig empfand."[42]

Die Kosten für die Menüs auf dem Hügel entsprachen ungefähr dem, was in Bonn für Staatsbankette von den Caterern aufgerufen wurde. Bis weit in die 1960er Jahre war die beiderorts gebotene Kulinarik deutlich bes-

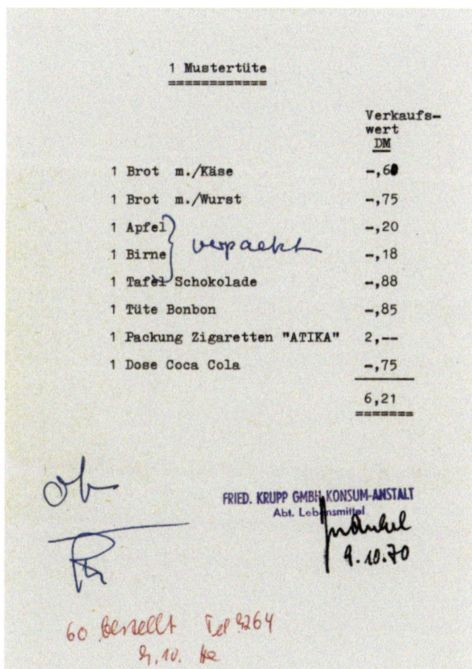

1 Mustertüte

	Verkaufswert DM
1 Brot m./Käse	–,6[illegible]
1 Brot m./Wurst	–,75
1 Apfel	–,20
1 Birne	–,18
1 Tafel Schokolade	–,88
1 Tüte Bonbon	–,85
1 Packung Zigaretten "ATIKA"	2,––
1 Dose Coca Cola	–,75
	6,21

verpackt

FRIED. KRUPP GMBH KONSUM-ANSTALT
Abt. Lebensmittel
9.10.70

Verpflegung des Personals anlässlich des Besuchs des türkischen Staatspräsidenten Cevdet Sunay, 1970

Verleihung des Staatspreises
des Landes Nordrhein-Westfalen
an
Else und Berthold Beitz

Abendessen

gegeben von der

Ministerpräsidentin
des Landes Nordrhein-Westfalen
Hannelore Kraft

Villa Hügel, Essen
12. Dezember 2011

ser als das, was Otto Normalverbraucher auftischen konnte. Dessen Konsummöglichkeiten entsprachen eher dem Inhalt der „Mustertüte", mit der das bei den Besuchen eingesetzte Personal verpflegt wurde.

Ähnlich verhält es sich mit der Aufstellung für das „Mittagessen für Fahrer und Polizei" anlässlich des Besuchs des tunesischen Staatspräsidenten Bourguiba 1966. Den Angehörigen beider Berufsgruppen wurde im Restaurant „Parkhaus Hügel" auch „1 Glas Hell" angeboten, alternativ gab es entweder „1 Fl. Coca Cola oder 1 Fl. Wasser" – je nach Wahl lautete das Motto dann „Prost, Fahrer – Dein Schutzmann ist nicht weit". Das kalte Buffet im „Filmraum Villa Hügel" für die Presse gestaltete sich deutlich besser.[43]

Schmucklos kommt die Auflistung von Essen und Wein in den 1980er Jahren auf dem Hügel daher – insgesamt entspricht die Aufmachung der reduzierten Zahl der Gänge und den bescheideneren Weinen.

Die Menükarte des Abendessens, das die Ministerpräsidentin des Landes Nordrhein-Westfalen, Hannelore Kraft, anlässlich der Verleihung des Staatspreises an Else und Berthold Beitz gab, erweist sich ähnlich schlank, trägt aber immerhin das farbige Landeswappen. Es ist ungewöhnlich, dass ein Essen im Haus des Gastes ausgerichtet wird – hier ein Zeichen des Respektes gegenüber der Lebensleistung des Hausherren. Darüber hinaus gab es externe Gastgeber in der Villa Hügel nur äußerst selten, und wenn, dann zu entsprechend hochkarätigen Gelegenheiten wie bei dem Staatsbe-

Terrine vom schottischen Wildlachs
mit Honigkresse, rotem Mangold
und kleiner Wassermelone

***

Mignon vom Brüninghoffer Kalbsfilet
im Gewürzmantel auf Portweinjus,
Mikado vom Mini-Gemüse mit gehobeltem
Périgordtrüffel und Pariser Kartoffeln

***

Suprême von der handgeschöpften
Schweizer Schokolade und Blätterkrokant
auf Vanillerahm mit Beerenfrüchten

***

Kaffeevariationen und Tee
mit Pralinées

2009er Siegrist
Grauburgunder Kabinett trocken
Weingut Siegrist, Pfalz

2010er Mundelsheimer Käsberg
Trollinger trocken
Weingut Herzog von Württemberg

König Pilsener
Frankenheim Alt

Alkoholfreie Getränke

Abendessen aus Anlass der Verleihung des Staatspreises
des Landes NRW an Else und Berthold Beitz, 2011

such des russischen Präsidenten 2001 oder einem G7-Gipfel im Jahr 2007. Zudem gewährt diese Menükarte Einblick in die Staatspraxis des Landes NRW, das keinen eigenen Wein ausschenkt – obwohl es im äußersten Süden des Bundeslandes einige Weinlagen gibt.

Dass die Gäste auf dem Hügel durchweg bestens bewirtet wurden, kann als gesichert gelten. Darin unterscheidet sich die über ein Jahrhundert lang prosperierende Krupp'sche Schwerindustrie von der stets ambivalenten Kulturindustrie – und widerlegt die Kritische Theorie: „Immerwährend betrügt die Kulturindustrie ihre Konsumenten um das, was sie immerwährend verspricht. Der Wechsel auf die Lust, den Handlung und Aufmachung ausstellen, wird endlos prolongiert: hämisch bedeutet das Versprechen, [...] dass es zur Sache nicht kommt, dass der Gast an der Lektüre der Menükarte sein Genügen finden soll."[44]

Max Horkheimer und Theodor W. Adorno bezogen sich auf die Massenmedien im Spätkapitalismus, letztlich dem kompletten Gegenteil der auf dem Hügel die ihnen innewohnende Verheißung wohl stets einlösenden Menükarten. Und sollte es doch einmal anders gewesen sein, bleibt als Trost eine Bemerkung, die Carl Zuckmayer einst auf dem Rand einer Weinkarte eines Berliner Restaurants notierte:

„Karte mit Verstand gelesen, ist so gut wie voll gewesen."[45]

Ausschnitt aus einer Menükarte zur Eröffnung der Bibliothek des Deutschen Museums in München, 7. Mai 1932. Bertha Krupp von Bohlen und Halbach saß am Tisch mit Max Planck, Oskar von Miller und Reichstagspräsident Paul Löbe.

ANMERKUNGEN

1 Ivan Ivanji: Titos Dolmetscher. Als Literat am Pulsschlag der Politik, Wien 2007, S. 21.

2 Zitiert nach: Dietrich Eichholtz: Geschichte der deutschen Kriegswirtschaft 1939-1945, Band 2: 1941-1943, Berlin 1984, S. 216. Zur Beschäftigung von Zwangsarbeitern bei Krupp siehe insbes. Werner Abelshauser: Rüstungsschmiede der Nation? Der Kruppkonzern im Dritten Reich und in der Nachkriegszeit 1933 bis 1951, in: Lothar Gall (Hg.): Krupp im 20. Jahrhundert. Die Geschichte des Unternehmens vom Ersten Weltkrieg bis zur Gründung der Stiftung, Berlin 2002, S. 267-472, hier S. 400-431.

3 Einem Experiment der Universität Michigan zufolge kann die Typografie einer Menükarte die Wahrnehmung der Speisen verändern. War sie in einer leicht lesbaren Schriftart verfasst, schätzen die Probanden das Essen einfacher – und das Können des Kochs geringer – ein als im Falle einer komplizierteren, filigraneren und schwerer lesbaren Typografie. Offenbar wurde die Mühe, die das Lesen der Speisenfolge bereitete, übertragen auf den Aufwand, den die Küche bei der Zubereitung der Gerichte betreiben musste (siehe Christian Scheier, Dirk Held, Dirk Bayas-Linke, Johannes Schneider: Codes. Die geheime Sprache der Produkte, 2. Aufl., Freiburg 2012, S. 50).

4 Siehe Urbain Dubois, Émile Bernard: La Cuisine Classique: Etudes Pratiques, Raisonnees et Demonstratives de L'Ecole Francaise Appliquee Au Service a la Russe, Paris 1864, S. 394.

5 Michael Broadbent: Das große Buch der Weinjahrgänge, Luzern 1983, S. 394.

6 Siehe anstatt vieler: Richard Graf Du Moulin Eckart: Bismarck. Der Mann und das Werk, Stuttgart 1915, S. 306.

7 Michael Broadbent: Broadbents Weinnotizen, Bern 1994, S. 30.

8 Ebd., S. 448.

9 Siehe ebd., S. 32 und S. 39.

10 Siehe Weinkarte Kaiserkeller Berlin Ausgabe: October 1901, vollständig digitalisiert https://www.dilibri.de/rlb/periodical/structure/1397458 (zuletzt abgerufen 18.11.2022).

11 Siehe BGBl. I 2002, S. 869.

12 Christian Dorst: Handbuch der Hors-d'oeuvre. Kalte und warme Vorgerichte, Frankfurt am Main 1901.

13 Zeitzeugeninterview in Sächsische Landesbibliothek – Staats- und Universitätsbibliothek Dresden, Vid-DIG 2065 Dieter L. Kaufmann.

14 Zu nennen sind etwa Erwin Seitz: Die Verfeinerung der Deutschen. Eine andere Kulturgeschichte, Berlin 2011; Peter Peter: Kulturgeschichte der deutschen Küche, München 2008; Tobias Roth, Moritz Rauchhaus (Hg.): Wohl bekam's. In hundert Menus durch die Weltgeschichte, Berlin 2018; Vincent Franklin, Alex Johnson: Menus that made History, London 2019. Eine Reise um die Welt anhand von Speisekarten unternimmt Christian Seiler: Alles Gute. Die Welt als Speisekarte, Basel 2019.

15 Ernst von Malortie: Das Menu. Eine culinarische Studie, Hannover 1878.

16 Paul Martin Blüher: Meisterwerk der Speisen und Getränke, 4. Aufl., Leipzig 1904; Franz Rutzen: Die deutsche Speisekarte, eine Forderung der Zeit, in: Archiv für Buchgewerbe 52 (1915), Nr. 9/10, S. 284 f.

17 Ebd., S. 77.

18 Siehe ebd. Dieser Forschungsstand ist in den vergangenen über hundert Jahren lediglich verfeinert worden.

19 Josef Matzerath, Eric Meier: Menükarte – Speisekarte – Küchenzettel – Einkaufsliste, in: Josef Matzerath, Annemarie Niering (Hg.): Tafelkultur – Dresden um 1900, Ostfildern 2013, S. 40-51, hier S. 40 f.

20 Siehe J. A. Stargardt, Auktion am 5. April 2022, Katalog 710, Ergebnisliste, 332.

21 Manfred Günther: Der blaue Günther. Interner Leitfaden für Referat 700 im Auswärtigen Amt, 3. Aufl., Berlin 2009, S. 53 f.

22 Margaret Thatcher: The Downing Street Years, New York 1995, S. 542.

23 Siehe Diana Maria Friz: Die Stahlgiganten. Alfried Krupp und Berthold Beitz, Frankfurt am Main/Berlin 1990, S. 128.

24 Irma Nelles: Der Herausgeber. Erinnerungen an Rudolf Augstein, Berlin 2015, S. 244.

25 Siehe Eva-Maria Roelevink: Geschichtspolitik als Unternehmenskommunikation. Krupp im 20. Jahrhundert, Berlin 2023, S. 66 und S. 136.

26 Klaus Tenfelde: „Krupp bleibt doch Krupp". Ein Jahrhundertfest: Das Jubiläum der Firma Fried. Krupp AG in Essen 1912, Essen 2005, S. 147.

27 Siehe ebd., S. 44.

28 Abgedruckt in ebd., S. 74.

29 Rede von Bundespräsident Christian Wulff beim Festakt „200 Jahre Krupp“ am 20.11.2011 in Essen https://www.bundespraesident.de/SharedDocs/Downloads/DE/Reden/2011/11/111120-200-Jahre-Krupp.pdf?__blob=publicationFile (zuletzt abgerufen 18.11.2022).

30 Hubert Imhoff KG an Fried. Krupp Besuchswesen, 19.10.1961: Historisches Archiv Krupp, WA 48 B 421.

31 Bier vom Fass im Chinazimmer, in: Der Spiegel, Nr. 49/1961.

32 Ebd. „Entwicklungsgehilfe“ ist der Entwicklungshilfeminister Walter Scheel. Franz Etzel war sechs Tage zuvor aus dem Amt des Bundesfinanzministers ausgeschieden, daher „a. D.“.

33 Joachim Käppner: Berthold Beitz, Berlin 2010, S. 199.

34 Roelevink: Geschichtspolitik, S. 246 f.

35 Zitiert nach Simone Derix: Bebilderte Politik. Staatsbesuche in der Bundesrepublik Deutschland 1949-1990, Göttingen 2009, S. 61, Anm. 4.

36 Friz: Stahlgiganten, S. 111.

37 Harold James: Krupp: Deutsche Legende und globales Unternehmen, München 2011, S. 257.

38 Derix: Bebilderte Politik, S. 71.

39 Ebd., S. 85.

40 Fried. Krupp Besuchswesen: Besprechungspunkte für den Besuch des griechischen Königspaares, 16.8.1956: Historisches Archiv Krupp, WA 48 B 331.

41 Fried. Krupp Stabsabt. Information/Besuchswesen, Heinen an Schoop, Notiz zum Menü Staatsbesuch Togo, 4.5.1961: Historisches Archiv Krupp, WA 48 B 343.

42 Stiftung Bundespräsident-Theodor-Heuss-Haus (Hg.): Theodor Heuss. Der Bundespräsident. Briefe 1954-1959, Berlin 2013, S. 118.

43 Hubert Imhoff KG an Fried. Krupp Besuchswesen, 7.7.1966: Historisches Archiv Krupp, WA 48 B 365.

44 Max Horkheimer, Theodor W. Adorno: Dialektik der Aufklärung, 3. Aufl., Frankfurt am Main 1975, S. 125.

45 Zitiert nach Hans Peter Althaus: Kleines Wörterbuch der Weinsprache, München 2006, S. 6 f.